Moins de VIANDE !

Dans nos assiettes...

Devenir Flexitarien ou Végétarien pour une meilleure santé et un monde meilleur.

Avant-propos

C'est dans l'air du temps... Flexitariens, Végétariens, Végans sont de plus en plus nombreux. C'est une prise de conscience collective qui est en train d'émerger.

Nous nous inquiétons pour nos enfants, pour la planète qui nous accueille, pour notre santé. Nous n'avons plus confiance en l'industrie alimentaire, aux choix politiques, et nous avons raison.

Si nous voulons que nos enfants aient une chance de vivre heureux sur Terre nous devons changer radicalement nos habitudes de consommation. Notre manière d'acheter, de jeter, d'utiliser l'eau potable, de manger.

Mais nous nous heurtons forcément à la résistance de tous ceux que cela fait vivre : les producteurs, les industries alimentaires et les autres. Je n'ai qu'une réponse à leur donner : ils n'ont qu'à changer ! Ils doivent modifier leur manière de produire et la qualité de leurs produits. Ils doivent se respecter, respecter la planète et nous respecter. Vivre sans tenir compte des conséquences c'est se suicider à petit feu, c'est tuer nos enfants avant qu'ils ne soient nés.

La surconsommation de protéines animales (viande, poisson, produits laitiers, œufs) a des conséquences négatives en matière de santé mais aussi pour l'environnement.

Ce livre ne se veut pas être donneur de leçons, je ne m'étendrai donc pas sur l'impact environnemental des élevages intensifs. Ce n'est pas son objectif.

Le but de ce livret est de vous aider à passer de vos vieilles habitudes lourdement ancrées à de nouvelles habitudes qui vous aideront à rester en bonne santé bien plus longtemps. Ceci est le premier effet bénéfique. Le second effet positif est que vos petits-enfants vous diront merci.

Je pense que l'effort en vaut la peine.

Je pense que nous le valons bien.

Les raisons qui vous poussent...

La tendance est évidente. La phrase que j'entends le plus souvent dans mon cabinet depuis quelques années est celle-ci : « Je n'ai plus envie de manger de la viande ! ».

Il y a plusieurs raisons majeures qui nous incitent à modifier notre manière de nous alimenter : la première raison est émotionnelle et empathique.

La seconde motivation est une raison éthique en relation avec la planète.

La troisième est poussée par les nombreuses révélations scientifiques en ce qui concerne la santé.

Raisons empathiques :

« *Si les abattoirs avaient des vitres, tout le monde serait végétarien* » (Paul McCartney)

Vous avez probablement assisté, vous aussi, au visionnage des vidéos tournées dans les abattoirs ou les élevages de poules pondeuses et peut-être avez-vous été choqué comme nous l'avons tous été par divers films circulant sur le net et dévoilant la maltraitance animale sous toute ses formes...

C'est l'horreur. Comment peut-on traiter ainsi des êtres vivants ? C'est de la méchanceté gratuite de la part d'humains qui n'ont aucune humanité mais si l'on y réfléchit, certains agissent ainsi, aussi avec des hommes, des femmes ou des enfants alors les animaux, non seulement cela ne les touche pas mais je suppose qu'ils y prennent du plaisir. L'être humain est ainsi. Il peut être étonnant par ses capacités intellectuelles, émotionnelles et par sa grandeur d'âme mais il peut aussi nous dévoiler une valeur à l'échelle des déchets qui sortent de son propre corps, pour ne pas la citer.

Certains êtres humains sont fascinants, d'autres pas.

Certains ont de drôles de folies, d'autres pas.

Certains méritent de vivre, d'autres pas.

Je pense que suite à toutes ces révélations, la plupart d'entre nous qui ne voyions auparavant qu'une tranche de viande dans notre assiette, nous avons commencé à y voir l'animal. L'escalope de poulet est redevenue un poulet. Une côtelette de veau est redevenue ce gentil veau au regard si doux, cette tranche de jambon rose est redevenue ce gentil petit cochon qui cherche à se faire caresser et qui est drôle à regarder jouer.

Le pré-découpage des morceaux de viande dans les supermarchés aussi bien que les carrés de poisson surgelés nous ont fait oublier qu'au départ, c'était un animal vivant. La démarche commerciale va dans ce sens, cela nous fait consommer sans culpabiliser et les ventes ont été largement multipliées depuis une cinquantaine d'années.

Les animaux, quoi qu'en pensent certains, sont des êtres vivants doués de sensibilité. Il n'est pas très compliqué d'observer comment ils se comportent lorsque l'on est gentil avec eux et qu'on les traite avec affection et respect. Que ce soit les vaches, les cochons ou les moutons pour n'en citer que certains, ils ont tous des réactions aussi touchantes et protectrices envers leur progéniture que nous les aurions nous-même. Ils se montrent tous gentils et reconnaissants lorsqu'un humain leur montre du respect et de l'affection. Et à l'inverse, l'humain se montre parfois si cruel que toute personne dotée de sensibilité ne peut que trouver cela intolérable.

Une étude britannique de 2013 a prouvé que la poule, que nous jugions stupide, était extrêmement intelligente ! Le cochon est l'animal le plus proche de l'homme au niveau de son ADN et il semblerait qu'il soit encore plus intelligent que le singe dont nous sommes censés descendre... il y a de quoi se questionner.

Les animaux sont mes amis et je ne mange pas mes amis.
(George Bernard Shaw)

L'élevage industriel : le choc.

L'élevage industriel est très violent. Les bêtes sont abattues à une telle cadence qu'elles sont encore vivantes au moment où on les découpe ! Lors des transports parfois très longs et durant plusieurs jours Les animaux sont attachés, entassés, jetés comme des sacs de grains et transportés comme des déchets alors que ce sont encore des êtres vivants. Ils sont déshydratés, ils souffrent et on se doute bien que la plupart réalisent ce qui se passe.

J'ai vécu, peu de temps car c'était assez insupportable, au-dessus d'une salle d'abattage. C'était un boucher qui venait y tuer ses veaux et ce n'était pas une cadence infernale puisqu'il tuait un veau de temps en temps mais cela fait plus de vingt ans et je me souviens encore de la détresse de l'animal qui reculait et ne voulait pas sortir du camion pour y rentrer. Il savait. Le coup de feu étouffé puis le bruit des chaînes me hantent encore.

L'effet sur la planète

Selon un rapport de la FAO en 2006, l'élevage est l'une des causes principales des problèmes d'environnement les plus pressants, à savoir le réchauffement de la planète, la dégradation des terres, la pollution de l'atmosphère et des eaux ainsi que la perte de la biodiversité.

Le rapport estime que l'élevage est responsable de 18% des émissions de gaz à effet de serre.

L'élevage des ruminants, la production et la transformation du fourrage, la fermentation du fumier, le transport des animaux et de la viande sont considérés dans ces chiffres. Le méthane éjecté par les bovins serait responsable pour la moitié du réchauffement climatique causé par l'homme. 26 % de la surface émergée de la terre est utilisé pour le pâturage. 80% ayant été rasé pour servir de pâture au bétail ou pour cultiver des céréales qui serviront à les nourrir (selon un rapport de Greenpeace en 2009) cela représente 14% de la déforestation de la planète. 70% des terres boisées de l'Amazonie servent aujourd'hui de pâturage et les cultures fourragères couvrent une grande partie du reste.

Cela provoque des dommages environnementaux très graves car cela favorise les inondations, les glissements de terrains, l'érosion et la disparition d'une centaine d'espèces, chaque jour.

Ces élevages intensifs demandent un apport considérable d'eau : on estime que 5000 litres d'eau sont nécessaires pour produire 1000 kcal d'aliments d'origine animale alors que 1000 litres d'eau sont nécessaires si l'aliment est d'origine végétale. Cela représente 8% des utilisations humaines d'eau à l'échelle mondiale, essentiellement destinée à l'irrigation des cultures fourragères.

En devenant végétarien, on économise des milliers de litres d'eau dont pourront profiter d'autres secteurs agricoles, sans compter que l'élevage est la plus grande source sectorielle de polluants de l'eau.

On estime qu'aux Etats Unis, l'élevage et l'agriculture fourragère sont responsables de 37% de l'utilisation de pesticides, 50% de celle d'antibiotiques et un tiers des charges d'azote et de phosphore mais aussi de l'ammoniac, des hormones sont retrouvés dans les ressources en eau douce.

Et ici on ne parle pas seulement de la viande mais aussi de la pisciculture. L'élevage de poissons en eau douce pollue l'eau à cause des antibiotiques utilisés, des hormones et des déchets animaux...

Il y aurait des solutions mais pour cela les consommateurs doivent réagir et s'ils veulent continuer à consommer de la viande de qualité qui n'a pas un impact aussi négatif sur la santé et sur la planète et faudra changer les habitudes et peut-être faire en sorte de réduire l'élevage intensif et revenir aux fermes d'antan, dans les campagnes, bien plus respectueuses de la terre, des animaux et des hommes.

Les raisons de santé

« Rien ne peut être aussi bénéfique à la santé humaine et augmenter les chances de survie de la vie sur terre que d'opter pour une diète végétarienne » (Albert Einstein)

Ce livre ne se voulant pas être un ouvrage de médecine, je ne m'attarderai pas sur les divers mécanismes qui font qu'une consommation excessive de viande perturbe de nombreux marqueurs : un mauvais cholestérol trop élevé, de l'acide urique, excès de poids jusqu'à l'obésité avec les risques cardio-vasculaires qui y sont associés…La surconsommation de viande ne favorise pas une bonne santé. On sait aussi qu'elle joue un rôle dans l'apparition de l'hypertension, dans les attaques cérébrales, le diabète et certains cancers (intestin, prostate, côlon, pancréas, sein, poumons).

Depuis quelques années, on a vu se multiplier les cas de cancer du côlon en particulier et on sait depuis longtemps qu'une alimentation principalement carnée favorise cette maladie. Les régimes à la mode, en version hyper-protéinée (viande à volonté) n'ont pas aidé à calmer cette évolution néfaste pour la santé. Les plans alimentaires sportifs, mensongers, axés sur les protéines animales, non plus.

Scandales sanitaires à répétition

« Quiconque a entendu les cris d'un animal qu'on tue ne peut plus jamais manger de sa chair » (Confucius)

Depuis quelques années, nous avons aussi eu droit à divers scandales sanitaires alimentaires : **la vache folle en 1986** (maladie de Creutzfeldt-Jakob), **la contamination à la dioxine en 1999** dans les volailles et les œufs (polluants organiques classés cancérigènes dans les farines destinées à l'alimentation animale), **l'épidémie de grippe aviaire en 2003,** les **graines germées en 2011** (épidémie de gastroentérites provoquées par l'Escherichia Coli), **la viande de cheval** trouvée dans des steaks hachés de bœuf et autres plats cuisinés à base de soi-disant bœuf **en 2013, plats contaminés aux bactéries coliformes, les poissons pollués au mercure**...bref, tout ceci ne favorise pas la confiance envers l'industrie alimentaire.

L'élevage intensif fait que la viande elle-même est porteuse de maladies. Le recours massif aux antibiotiques et aux hormones favorise le développement de certaines bactéries comme la Salmonella. **Chaque année, plus d'un million de personnes perdent la vie à cause d'une intoxication alimentaire.**

Les nouvelles préconisations alimentaires proposées par l'Agence Nationale de Sécurité Sanitaire de l'Alimentation, de l'Environnement et du Travail (ANSES) conseillent de **ne pas consommer plus de 70g de viande** (bœuf, porc, agneau, veau) **par jour,** le poisson 2 fois par semaine dont un poisson gras (sardine, maquereau), pas plus de 25g de charcuterie par jour (jambon, saucisson...) et **d'augmenter la consommation de fruits et légumes** (5 portions par jour) ainsi que de **privilégier les légumineuses** (pois chiches, lentilles, fèves, flageolets...) **et les féculents les moins raffinés** (pain, pâtes, riz, quinoa, boulgour etc...)

En clair, **on ne devrait pas consommer plus de 500g de viande par semaine** et moins de 25g de charcuterie par jour, tout simplement parce que cette dernière contient des agents cancérogènes pour l'homme et que la viande serait « probablement cancérogène ». La volaille n'est pas considérée dans ces chiffres mais il ne faut pas oublier que si l'ANSES, avec tout le respect que je dois à cet organisme, affirmait tout à coup haut et fort qu'il ne faudrait plus consommer de viande, cela sèmerait la zizanie au sein de l'industrie concernée, du début à la fin de la chaîne!

Depuis tous ces scandales sanitaires qui ont touché la viande, sa consommation a baissé…Je pense que tous les diététiciens comme moi ont reçu une flopée de documents issus de l'industrie de la viande, disant combien il était très important d'en consommer tous les jours ! De la promotion pure et dure.

Cela me fait étrangement penser à certaines publicités datant des années 50, dans lesquelles un homme en blouse blanche affirmait en allumant une cigarette à quel point c'était bénéfique pour la santé.

Cette réaction des publicitaires engagés par les fabricants de tabac était en réponse avec les premières publications scientifiques qui dénonçaient l'effet délétère de la cigarette.

Avec le temps, tout sera dévoilé, dans le cas de la viande aussi.

Comment s'y mettre ?

« J'ai très tôt renoncé à la viande et un jour viendra où les hommes tels que moi proscriront le meurtre des animaux comme ils proscrivent aujourd'hui le meurtre de leurs semblables « (Léonard de Vinci)

***

Ce n'est pas facile. Il y a les habitudes, l'entourage, les rituels et les traditions. Au début, on a l'impression de ne plus savoir quoi manger et d'être en guerre contre le monde entier !

« Je ne veux plus manger de viande... »

Lorsque j'ai décidé de modifier mes habitudes, j'ai eu l'impression de devoir répéter sans cesse cette phrase en commençant par la dire à mon compagnon, à chaque fois qu'il avait la bonne idée de faire des courses. « Et tu devrais limiter ta consommation aussi... » Ajoutais-je, inquiète pour sa santé.

Lorsque l'on réalise la portée de ce simple acte de se nourrir et qu'à chaque bouchée on a la désagréable sensation de manger un être vivant et sensible, c'est terrible. Et ce qui est encore plus terrible, c'est que l'on sait que l'on ne peut pas l'expliquer à n'importe qui et que la plupart des gens, autour de nous, ne comprendrait pas.

« C'est de l'hypersensibilité »

« Oh, pour une fois, tu peux ! »

« Oui mais le poisson, tu en manges ? » (Et oui, le poisson, cela semble moins humain, vous comprenez ? Avez-vous déjà vu des reportages animaliers sur les poulpes ? Ils sont très intelligents et très affectueux, qui l'eut cru ? Et sur la chasse en apnée ? Les réactions observées des poissons…c'est fascinant de voir la manière dont ils se protègent, observent, et sont curieux…et ils sont si beaux.

A force de voir des poissons carrés dans nos assiettes, on n'imagine jamais plus que ce truc a nagé un jour…quel désastre !

> *« La cause des animaux passe avant le souci de me ridiculiser » (Emile ZOLA)*

Au départ, on se dit que l'on mangera moins de viande mais que le poisson on peut encore…et puis on écarte aussi un peu le poisson…et puis on réalise que les œufs sont issus de la maltraitance des poules alors on comprend très rapidement que l'on doit vérifier leur provenance et chercher ceux qui proviennent de poules qui vivent en plein air et si possible, pas dans des cages…

A un moment, j'ai décidé de devenir flexitarienne (ou semi-végétarienne) car cela me permet de maintenir certains liens sociaux avec ceux qui consomment de la viande mais aussi parce que dans certains cas particuliers, j'ai le sentiment de n'avoir pas le choix. Mais plus le temps passe et plus je me débrouille pour trouver des parades afin de ne pas faire ces écarts qui m'insupportent de plus en plus.

Lorsque l'on décide de manger moins de viande, il y a deux manière de le faire : la première, entière, efficace mais extrême consiste à éliminer d'un coup toute chair animale ou tout produit issu d'un animal. On devient végétarien ou végétalien du jour au lendemain ce qui est non seulement très perturbant pour l'organisme mais aussi pour le mental car le rythme de vie est radicalement modifié.

En agissant ainsi, en éliminant tout de go, le nouveau végétarien fait souvent de grosses erreurs et a l'impression de ne plus pouvoir rien manger. Je suis passée par là car j'ai tâtonné un moment avant de me rééquilibrer (et pourtant je suis diététicienne !). lorsqu'on a le repère de manger de la viande au moins une fois par jour, l'élaboration des repas devient très rapidement ennuyeux car on ne sait plus quoi faire et il manque quelque chose au niveau du goût.

C'est vrai. Cherchez des idées de repas sur n'importe quel site connu pour ses recettes, vous verrez que les anciens réflexes ont la vie dure ! Et les repas végétariens ne sont pas toujours très attirants...

Lorsque l'on a mangé et aimé la viande, on a forcément aimé aussi certains plats que nous préparait notre mère à certaines occasions. Dans ma région (la Corse), il est difficile d'échapper au veau et au cochon sous de nombreuses formes. Nos spécialités ne sont pas nombreuses et tournent toujours autour des mêmes, comme c'est le cas dans d'autres régions. Préparer un repas de Noël sans viande ni poisson c'est se lancer dans une vraie guerre de religion !

C'est pourquoi j'ai choisi de le prendre autrement…le faire en douceur et de manière moins perturbante, pour moi et pour mon entourage.

Cela permet d'apprendre à faire ses courses autrement, à comprendre comment modifier ses menus en restant dans un équilibre alimentaire non carencé, cela permet aussi au système digestif de s'habituer progressivement à une alimentation beaucoup plus riche en fibres et dénuée de protéines animales qui, il faut l'avouer, ont un pouvoir de satiété très important. Les éliminer, cela signifie aussi que l'on a toujours le sentiment qu'il nous manque quelque chose pour terminer le repas et que l'on sera tenté par la sucrerie !

Passer d'une alimentation omnivore à une alimentation végétarienne peut facilement faire grossir.

On élimine la viande, on la remplace par plus de féculents et de légumes car il faut bien se sentir rassasié…et puis au dessert, comme il n'y a pas de viande on compensera avec un peu plus de fromage (riche en protéines mais aussi en graisses et en calories) et plus de fruits (sucrés) ou de fruits secs (excellents pour les protéines et les minéraux mais qui apportent en moyenne 650 kcal/100g !) et le piège, c'est de céder aux desserts sucrés affichés « végan » ou « végétarien » du commerce.

Alors, croyez-moi : il vaut mieux y aller progressivement.

« Les animaux sont mes amis et je ne mange pas mes amis »

(George Bernard Shaw)

Qui est qui ?

Un Flexitarien est un semi-végétarien. C'est une personne qui est principalement végétarienne mais qui mange parfois de la viande, du poisson ou d'autres produits animaux. Selon les circonstances, un flexitarien peut manger végétarien ou végétalien ou bien choisir de consommer des plats comportant de la chair animale en certaines occasions (au restaurant, lors de repas familiaux ou chez des amis).

Ils partagent généralement les mêmes idées que les végétariens en ce qui concerne leur souhait d'un traitement plus humains envers les animaux et les préoccupations environnementales mais leur comportement alimentaire est plus souple pour des raisons sociales ou des raisons de santé parfois.

Un Végétarien ne consomme aucune chair animale. Ni viande, ni poisson. En général, un végétarien se tournera aussi très largement vers une alimentation biologique puisque ses préoccupations sont non seulement envers le bien-être des animaux mais aussi envers celui de la planète et de l'humanité dans son ensemble. Il consomme toutefois des œufs et des produits laitiers, qui sont des sous-produits animaux mais de provenance d'agriculture biologique de préférence.

Un Végétalien est un végétarien qui ne consomme pas de sous-produits animaux. Il ne consomme donc ni viande, ni poisson, ni œufs, ni produits laitiers. Son alimentation est uniquement basée sur ce qui est végétal.

Un Végan est un Végétalien strict qui veille à ne consommer en aucune manière tout ce qui pourrait être issu de la maltraitance animale (aliments, vêtements, cosmétiques, miel, etc).

Equilibre et carences

Avoir une alimentation Flexitarienne ou végétarienne entraîne peu de carences dans la mesure où l'alimentation est variée et où l'on veille à étendre cette variété le plus possible.

Pour cela, il faut essayer de connaître plus précisément la composition des aliments et de comprendre parfaitement comment composer ses repas.

On a longtemps pensé que les végétariens avaient tendance à être carencé en fer, principalement les femmes non ménopausées mais les dernières études ont démontré qu'il y avait autant, voire moins, de carences en fer chez les végétariens que chez les omnivores. Ceci est principalement dû à cet état d'esprit qui pousse le végétarien à se soucier de son alimentation et à y introduire de la variété alors que l'omnivore, pour la majorité, se fiche un peu de ce qu'il avale !

Non seulement il y a peu de carences dans une alimentation Flexitarienne ou Végétarienne bien menée mais il y a bien plus de bénéfices pour la santé puisque ce type d'alimentation diminue les risques cardio-vasculaires, le cholestérol, le diabète, l'acide urique et les risques de développer un cancer du côlon, entre autres...

Cela s'explique par le simple fait que c'est un mode alimentaire qui prône les légumes, les fruits, les oléagineux et les céréales complètes. Ce sont des aliments qui ne contiennent naturellement pas de mauvaises graisses, qui sont riches en fibres, qui ont un index glycémique bas et qui sont bourrés de vitamines, antioxydants, minéraux et oligoéléments ! Ce sont aussi des aliments qui ne sont généralement pas transformés par l'industrie alimentaires et donc, forcément, plus sains.

Mais alors, pourquoi voit-on souvent des végétariens qui ont l'air épuisés en permanence ?

Longtemps, j'ai eu une mauvaise image des végétariens, je dois l'avouer aujourd'hui.

Tous ceux que je voyais arriver dans mon cabinet et certaines de mes amies qui étaient végétariennes avaient toujours l'air malade. Le teint pâle, gris, maigres ou pas, semblant manquer d'énergie, de tonicité (manque de muscles visiblement) et dans un état permanent d'épuisement … J'en rencontre encore parfois qui ressemblent à ce profil mais à présent, à force d'avoir analysé leur manière de se nourrir, j'ai compris pourquoi.

Il y a deux façons d'aborder cette nouvelle façon de se nourrir :

Soit vous êtes devenu Végétarien parce que vous êtes mal dans votre peau et dans votre vie. Que vous avez voulu vous démarquer de la société parce qu'une partie de vous était en révolte contre le système et que vous souhaitiez montrer votre différence. Et là, tombant dans l'excès, vous avez tellement cherché à montrer votre différence avec les autres que vous vous êtes mis à ne grignoter que des graines avant de faire vos 5 séances de yoga et vos 3 séances de méditations par jour.

C'est une caricature, c'est vrai. Mais elle est assez proche d'une certaine réalité. Certains êtres humains ont besoin d'agir radicalement comme ceux qui partent vivre dans des yourtes, sans eau, sans électricité ! (Que je ne critique pas, au contraire. Je trouve ça assez courageux et je les envie un peu de pouvoir le faire).

Le problème, dans le cas du Végétarien excessif qui ne grignote plus que des graines c'est justement cet excès qui ne peut pas être dans l'équilibre et qui tombe dans la carence.

Soit vous avez juste pris la décision de vous alimenter autrement parce que vous avez pris conscience que votre alimentation actuelle n'était pas bonne pour votre santé et qu'en plus cela n'était ni bon pour la planète (vous pensez à vos enfants à qui vous allez la transmettre), ni pour les animaux dont vous pouvez vous passer en tant que nourriture.

(Ce cas-là est plus en accord avec cet ouvrage)

Les Végétariens excessifs sont dans un tel excès que le végétarisme est devenu pour eux une forteresse dans laquelle ils se cachent. Ils rejettent tellement la société et tout ce qu'elle traine avec elle qu'ils refusent souvent de faire leur course dans les supermarchés et cherchent continuellement les petits producteurs locaux où bien les petits magasins spécialisés dans lesquels il n'y a pas beaucoup de choix et où il y a plus de graines et de compléments alimentaires qu'autre chose.

Les seconds ont plus de chance de trouver un équilibre.

Ceci dit, un bon compromis des deux serait idéal, le yoga et la méditation sont d'excellents moyens pour rester en bonne santé physique et mentale et les petits producteurs ont souvent de formidables produits de saison !

Je pense que l'équilibre ne se trouve pas en ne grignotant que des graines mais en conservant dans la mesure du possible une alimentation omnivore (dans le sens : la plus variée possible), sans viande !

(Lorsque l'on dit « viande », en termes de végétarisme, cela suppose toute chair animale, poisson et crustacés compris).

Les excès ne sont bons pour personne

Que l'on soit un « mauvais végétarien » ou un végétalien, on risque des carences…

La principale carence chez le végétalien est la carence en vitamine B12.

Cette vitamine appelée aussi Cobalamine, est produite par des micro-organismes bactériens que l'on trouve exclusivement dans les organes animaux. Les aliments les plus riches sont donc d'origine animale : viande, poisson, œuf et produits laitiers.

Si vous avez une alimentation Végétalienne (sans aucun produit laitier ni œuf), il n'y a **aucun aliment de source végétale** qui puisse vous permettre de combler cette carence. Un complément de vitamine B12 est généralement conseillé car cette vitamine joue un rôle très important dans la constitution et la protection du système nerveux.

Si vous avez choisi de suivre un régime végétalien il est important d'absorber au moins 3 microgrammes de vit B12 par jour. Il existe des aliments enrichis mais aussi des compléments multivitaminés à prendre quotidiennement, consultez votre médecin traitant qui saura vous conseiller.

Les carences **chez tous ceux qui ne s'alimentent pas correctement ou sans varier suffisamment** leur menus peuvent être les mêmes chez tout le monde, même chez les Omnivores : fer, vitamines diverses, magnésium, calcium et dans le cas des végétariens : les protéines et les acides gras essentiels.

Les protéines végétales

On trouve des protéines dans de nombreux aliments, le piège pour un végétarien, c'est de ne pas se faire avoir par l'industrie alimentaire qui souhaite lui vendre des super-aliments souvent coûteux et pas plus efficaces que de nombreux aliments plus faciles à se procurer et bien plus abordables.

Il est très rare qu'un végétarien soit carencé en protéines mais l'industrie alimentaire qui veut faire croire le contraire, cherche toujours à promouvoir certains « Super aliments ».

Je vais essayer de détailler les bons et les moins bons produits dont on vous vante les mérites ainsi que ceux d'origine plus courante qu'il faudrait chouchouter.

Dans le désordre, ceux dont on entend parler ou que l'on retrouve fréquemment dans l'alimentation dépourvue de chair animale :

Le soja :

Lorsqu'on attaque une alimentation végétale, on n'y coupe pas ! Le soja est partout. C'est vrai que c'est un bon apport en protéines végétales (36g/100) et qu'un steak de soja peut très aisément remplacer un steak de bœuf en ce qui concerne la quantité de protéines.

Le soja est aussi très riche en graisses de bonnes qualités (20%), acide linolénique (7.5%) et acide linoléique (55%). Ce qui en fait un aliment bon pour le cœur. Riche en fer (8.4mg/100g), en phosphore (580mg/100g), en calcium (280mg/100g, plus que dans certains fromages raffinés ou du yaourt) et en fibres solubles.

En ce qui concerne son apport en calcium, je me permets de poser un bémol car ce calcium ne serait pas aussi bien absorbé par l'organisme que celui qui se trouve dans les produits laitiers.

Le soja semble l'aliment clé d'une alimentation végétarienne équilibrée mais comme dit l'adage « le trop est l'ennemi du bien »…Le soja a un revers négatif, c'est sa richesse en isoflavones.

Les isoflavones sont des phyto-œstrogènes qui sont présents dans les oléagineux (cacahouètes, sésame, lin…) et de nombreux spécialistes sont en conflits sur ce sujet car on ne connait pas réellement l'impact **d'une consommation excessive** de soja sur la santé et en particulier sur le risque de développer certains cancers (le sein en particulier).

Une consommation modérée dans le cadre d'une alimentation variée ne présenterait pas de danger, évitez donc d'abuser du soja que l'on trouve dans de nombreux produits tels que : les haricots mungo, le tonyu, le miso, le tamari, le shoyu, le tempeh, le tofu, la farine de soja, l'huile de soja, les yaourts au soja…

Les graines de chanvre :

Elles sont riches en protéines (26g/100g), en oméga 3, en vitamines A, D, E. Attention à vos intestins car les graines sont riches en fibres.

Les graines de courge :

Riches en protéines (25g/100g), vitamines A, B1, B2, fer, zinc, cuivre, potassium, calcium… à lire tout ceci on se dit que c'est génial et miraculeux mais à part ajouter une poignée de graines de courges, natures ou grillées, dans vos salades, ce qui n'apportera pas 25g de protéines, je ne vois pas trop comment on pourrait manger ces graines sans se lasser…Comme pour les autres graines, ce sont des compléments dont vous pouvez vous servir pour changer un peu le goût de vos plats ou pour calmer une fringale en avalant une poignée.

Attention aux fibres pour les intestins fragiles car cela peut irriter et accélérer le transit.

Le beurre d'arachide (ou beurre de cacahouètes):

Particulièrement gras et calorique, le beurre d'arachide n'en est pas moins intéressant pour certains de ses précieux apports : protéines (25g/100g), zinc, phosphore, vitamine B3…s'il n'était pas aussi gras, (40%) ce serait formidable. N'oublions jamais qu'il apporte 586 kcal pour 100g.

Les haricots Azuki :

C'est un petit haricot rouge qui nous vient du Japon. Il contient 25% de protéines, c'est la raison pour laquelle on en parle autant. C'est une légumineuse, comme les lentilles ou les pois chiches qui peut se cuisiner de la même manière et qui se consomme aussi en purée.

Le tempeh :

C'est un fromage à base de graines de soja dont nous avons parlé plus avant. Originaire d'Indonésie, cette préparation est riche en protéines puisqu'elle en fournit 20 %.

Le Tofu, qui est un autre dérivé du soja fournit 11.5% de protéines.

La noix :

Tout comme la noisette, l'amande ou la pistache, ce fruit à coque est une bonne source de protéines puisqu'il en apporte 20g pour 100g. Ce qui caractérise la noix c'est sa richesse en stérols végétaux qui contribuent à faire baisser le mauvais cholestérol et qui aident à faire augmenter le bon.

En diététique chinoise on associe souvent la forme des aliments à leur valeur potentielle sur l'organe auquel il ressemble : la noix ayant la forme d'un cerveau humain, on sait qu'elle est bonne pour lui, ce qui s'avère exact par la qualité des acides gras qu'elle contient.

L'amande :

Séchée, elle contient plus de 20g de protéines pour 100g mais attention, comme tous les oléagineux, elle est aussi riche en graisses, même si ce sont de bons acides gras et c'est assez riche en calories. On compte 10 kcal pour 1 amande. Elle est aussi riche en magnésium.

Les pois chiches :

Le roi des légumineuses en terme d'apport en protéines (19g/100g), c'est le chouchou des végétariens ! Il est aussi très riche en fibres, en magnésium et en calcium.

L'avantage du pois chiche, c'est aussi qu'il peut se cuisiner de diverses manières : froid en salade, chaud avec les légumes façon couscous ou écrasé en steak végétal mélangé avec des purées de légumes et des épices.

Les graines de chia :

Cela fait un peu partie des super-aliments étranges dont on a subitement découvert les propriétés soi-disant miraculeuses (surtout pour celui qui en tire un bénéfice financier oserais-je ajouter). Riche en antioxydants, en fibres, en oméga-3 et en protéines (17%). Ceci dit, lorsqu'un aliment ne fait pas partie de notre culture, il est difficile d'en manger des tonnes avec plaisir…

L'épeautre :

Comme le maïs ou le riz, cette céréale est intéressante en ce qui concerne les protéines végétales (15%).

Le quinoa :

Une petite graine qui se cuisine comme le riz et qui est d'ailleurs excellente lorsqu'elle est mélangée à celui-ci mais aussi au boulgour. A consommer chaud ou froid. Riche en protéines, 14%, mais aussi en fibres, en fer non Héminique et sans gluten. Le quinoa a pris sa place dans nos assiettes et cela permet de diversifier les repas.

Les flocons d'avoine :

Le top du petit-déjeuner, à ne pas confondre avec le son d'avoine… le son d'avoine fournit seulement 6 à 8 grammes de protéines et son intérêt est surtout pour favoriser un bon transit et éviter la constipation sinon, c'est même un peu irritant pour les intestins fragiles.

Mais son intérêt sous la forme de flocons est qu'il possède un index glycémique plus faible que le blé, qu'il est très rassasiant, que ses fibres (9%) aident à réguler le transit de manière assez douce et qu'il est riche en fer (3.8mg/100g).

Les flocons d'avoine apportent 11% de protéines et 60% de glucides à absorption lente.

Cela se consomme froid ou chaud avec du lait, du lait végétal, du yaourt ou du fromage blanc.

Les algues :

Les algues brunes qui sont les moins riches en protéines en contiennent entre 8 et 15%. Les algues vertes entre 10 et 26% et les rouges renferment 47g pour 100g. Mais il est difficile d'en consommer 100g et il est vrai que pour la plupart des occidentaux que nous sommes, cela ne fait pas partie de notre culture. Ceci dit, beaucoup de gens qui y goûtent, apprécient.

La plus connue et la plus consommée est **l'algue Nori,** de couleur violet aux reflets pourpres et qui sert à cuisiner les maki-suschi car les feuilles de Nori permettent de les envelopper. C'est une algue délicatement parfumée, son goût rappelle les champignons, ce qui permet un mariage parfait avec le pain, les salades, les galettes, les bouillons et les légumes.

100g d'algue Nori déshydratée apporte 176.4 kcal.

Sa teneur en protéines est d'environ 30%. Elle contient aussi de la vitamine A (carotène) en quantité importante, du fer et du zinc. Cette algue se réhydrate rapidement en reprenant 8 fois son poids.

***

Le wakamé est une autre algue qui prend petit à petit sa place dans nos assiettes puisqu'elle est arrivée avec une huître japonaise transplantée en Bretagne. En cuisine, elle a un léger goût d'huître. Tendre et douce et d'une couleur vert foncé rappelant les épinards, elle rehausse les aliments qui l'accompagne.

On la trouve souvent cuisinée en salade, réhydratée (elle prend 10 fois son poids et 4 fois sa taille dans l'eau froide durant 10 minutes), avec du sésame grillé..

Le wakamé contient 21% de protéines sur son poids sec, elle est aussi riches en vitamines (A, B1, B2, C), en calcium, en fer, en magnésium et en oméga 3.

L'algue wakamé apporte environ 109 kcal pour 100g d'algue déshydratée.

***

L'agar-agar est un gélifiant alimentaire extrait d'algues rouges. Son effet gélifiant est bien plus fort que celui de la gélatine animale (7 à 8 fois) et bien plus sain.

On l'utilise souvent dans les cures d'amaigrissement car cela fait gonfler les aliments et donne une sensation de satiété. C'est ce qu'on appelle un mucilage.

Ce qui est intéressant c'est qu'il a un pouvoir calmant, cicatrisant pour la paroi intestinale endommagée par des substances acides ou des médicaments et qu'il a une action à la fois laxative et anti-diarrhéique (il régule). Il est aussi si faible en calorie qu'on a du mal à le chiffrer !

Il s'utilise dans les préparations sucrées ou salées (confitures, compotes, gelées de fruits, aspics, sauces). On utilise 4 grammes de poudre d'agar-agar pour gélifier 1 litre de liquide, un peu plus pour des jus acides (fruits rouges) ou liquides gras (lait). Il suffit de porter à ébullition pendant 7 à 10 minutes (il faut qu'il soit complètement dissout). La gélification prend au cours du refroidissement. On dose l'effet crémeux ou au contraire gélifié en diminuant ou augmentant la quantité d'agar-agar, c'est un coup à prendre.

***

La spiruline est une algue bleue qui est surtout consommée en complément alimentaire, en poudre ou en gélules. On vous promet monts et merveilles, la spiruline serait un des super-aliments de l'année.

La spiruline est riche en protéines (65g/100g), sauf qu'on n'en avale pas 100g par jour, que les gélules sont plutôt indigestes et la poudre est dure à avaler...alors, si vous y tenez, allez-y mais il y a d'autres manières plus simples d'avaler des protéines.

100g de spiruline en poudre apportent 370 kcal.

En ce qui concerne ses autres soi-disant super-pouvoirs qui promettent une richesse extraordinaire permettant de retrouver forme, énergie, santé immunitaire, beauté des cheveux, des dents, minceur ou au contraire appétit…ils n'ont pas été validés par le peu d'études qui ont été faites sur ce produit. Cela ne fait pas de mal mais est-ce que cela fait du bien ? À suivre.

***

Je vous dis tout : Vous lirez souvent que les algues contiennent de la vitamine B12 mais certaines études affirment qu'aucun végétal ne contient de B12 mais une molécule « cousine » qui prête à confusion. Ce qui nous montre aussi qu'en diététique il ne faut jamais avoir de certitudes, c'est une science qui évolue de jour en jour.

L'avocat :

J'en parle ici car il est à la mode du jour. Cette année est l'année de l'avocat ! la promotion de l'avocat fonctionne, on lui prête des vertus quasi-magiques. On le dit bon pour tout ! Et évidemment c'est exagéré. Parmi les légumes, c'est probablement celui qui est le plus riche en protéines, mais replaçons chaque chose à sa place car parmi la flopée d'aliments que nous avons à notre disposition il ne contient que 2% de protéines.

En vérité, l'avocat est **surtout extrêmement riche en graisses** (des acides mono-insaturés en majorité) et en vitamine E, bénéfique pour la prévention cardio-vasculaire.

L'avocat est un bon aliment mais si vous avez tendance à prendre du poids ou que vous vouliez en perdre, soyez vigilant car un avocat apporte en moyenne 210 à 280 kcal.

Le blé :

En pain complet ou intégral, multi-céréales, on peut compter, en moyenne, un apport de protéines entre 8 et 12%, on compte 27% pour du germe de blé.

Le blé s'utilise pour le pain, les pâtes, les gâteaux…simple et facile. Cela entre parfaitement dans nos habitudes alimentaires.

<u>Mon conseil</u> : veillez de préférence à consommer du pain aux céréales, complet ou au levain en raison de leur faible index glycémique. Cela aide à réguler la glycémie, ce qui est préférable pour de nombreuses raisons (prévention diabète, maintien du poids de forme etc.) Ceci dit, il faut toujours choisir un pain complet ou aux céréales **Bio** car sans cela vous avalerez les pesticides présents sur l'enveloppe du blé avec le reste. Ce qui n'est bon pour personne.

La châtaigne :

Elle avoisine les 3% de protéines. C'est un bon complément surtout pour les sportifs car elle est riche en fructose mais n'a pas un index glycémique élevé (parce qu'elle contient beaucoup de fibres). Elle est aussi riche en vitamine B1 et en magnésium.

Les fèves :

L'une des légumineuses les plus riches en protéines : 6%. Dans les fèves sèches, on avoisine les 20%.

Les graines germées :

Souvent méconnues, leur teneur en protéines varie selon la graine d'origine mais elle dépasse toujours les 20g pour 100g. Les championnes sont le **fenugrec**, les **graines de tournesol** (germées, elles apportent six fois plus de protéines que le lait et deux fois plus que les œufs) et **l'alfalfa** (la luzerne). Mais il y a aussi les haricots mungo, les lentilles etc. Certains conseillent de les consommer au cours d'au moins un repas par jour tant elles sont intéressantes au niveau nutritionnel. Vous pouvez expérimenter par vous-même et trouver celles que vous préférez et de ce fait, varier et enrichir considérablement votre alimentation.

Consommées fraiches, elles sont particulièrement riches en oligo-éléments et en vitamines.

Vous trouverez dans « le coin des recettes », la méthode pour faire germer des graines mais il est de plus en plus courant d'en trouver en barquettes dans les supermarchés, au rayon frais.

Les protéines dans les légumes...

Il y a aussi des protéines dans les légumes mais ils en contiennent peu, entre 1 et 5% !

Le brocoli avoisine les 4%, les autres choux (chou-fleur, chou rave chou vert...) environ 2%, le champignon de Paris 2.6%, le petit-pois, qui en vérité est l'équivalent de la pomme de terre, en apporte presque 6%, le haricots Mungo (pousse de soja germée) 2.5%... ce sont de bons compléments au milieu d'une alimentation variée.

Protéines animales qui ne proviennent pas de la chair animale :

Les œufs :

Ils sont tout de même la star des protéines en ce qui concerne la qualité des acides aminés et ils apportent environ **13% de protéines d'excellente qualité.**

Dans le cadre d'une alimentation végétarienne variée, on peut consommer 2 à 6 œufs par semaine.
Pendant longtemps on a incriminé les œufs et on les a interdits dans la prévention contre le mauvais cholestérol mais il semble évident que les analyses se dérèglent

surtout lorsque l'alimentation est globalement riche en mauvaises graisses et pauvre en fibres.

En ayant une alimentation végétarienne, riche en légumes et céréales complètes, dénuée de viande animale, il y a peu de chance pour que le mauvais cholestérol s'installe, sauf s'il y a une autre raison médicale (les conséquences d'un traitement, par exemple).

Les produits laitiers :

Ils sont une bonne source complémentaire de protéines puisque le lait de vache contient entre 3 et 3.5% de protéines. Un yaourt grec au lait de brebis ou au lait de chèvre peut atteindre entre 3 et 5%. On compte en moyenne 7% dans un fromage blanc nature, 7 à 9% dans des Petits suisses.

Les fromages à pâte molle de type camembert apportent environ 17% de protéines mais certains fromages de cette catégorie peuvent atteindre 25%.

Les fromages de chèvre entre 18 et 20%.

Le fromage à pâte ferme type Masdamm : 29%. Une vieille Mimolette 33%. Le Beaufort 26%. 28% pour l'Emmental ou le Gruyère. 14% pour la Fêta ou la Cancoillotte et 18% pour la mozzarella mais seulement 9 % pour la Ricotta ou le mascarpone 4%.

L'autre avantage non négligeable des produits laitiers c'est leur apport en calcium et en vitamine B12.

Les dérivés et substituts aux produits laitiers :

Pour tous ceux qui ont décidé de devenir végétaliens, il y a les yaourts au soja mais aussi les jus appelés « lait » mais qui n'en sont pas, d'amandes, de noisette, d'épeautre, de riz etc... On les appelle « laits végétaux » mais ce sont des jus obtenus après avoir mixé puis fait tremper soit les amandes soit les noisettes (ou autre oléagineux) durant au moins 10h. Le jus de cette macération est ensuite filtré pour obtenir ce jus.

En ce qui concerne les yaourts au soja, nous en avons parlé dans un chapitre précédent, ils sont un bon complément protéique.

Ces laits ne sont pas très riches en protéines même si l'aliment de base l'est. On compte en moyenne moins de 1% de protéines dans une boisson à base d'amandes et environ 3% dans celles au soja. De plus, il faut être vigilant car ce sont des boissons qui sont souvent très sucrées.

Pour ceux qui aimeraient faire leur yaourt maison, on peut les faire aussi avec des laits végétaux. Vous trouverez une recette dans *Le coin des recettes* à la fin de cet ouvrage. L'inconvénient des yaourts à base de lait végétal est qu'ils restent très liquides. Par expérience, on peut améliorer un peu la texture en doublant le temps de pause, sinon il faut ajouter des épaississants du type arrow-root, agar-agar ou fécule (voir recette).

Les acides gras essentiels

On n'en parle peu mais les végétariens peuvent être carencés en acides gras essentiels s'ils n'y prennent garde car la majorité des bonnes graisses que nous consommons proviennent des poissons gras et des huiles. Or, dans ce cas-là, les premiers sont exclus de l'alimentation végétarienne.

***

<u>Petit rappel en résumé</u> : il y a 3 catégories importantes dans les acides gras : les saturés, les insaturés (mono et poly-insaturés) et les acides gras trans.

Les acides gras saturés (AGS) sont globalement hypercholéstérolémiants. On les trouve dans certaines huiles en majorité (maïs, arachide, coco), dans d'autres en partie (olive, tournesol). On les trouve particulièrement dans les viandes, volaille, poisson, pâtisseries, viennoiseries, produits laitiers etc.

Les acides gras insaturés (AGMI et AGPI) sont meilleurs pour la santé. Favoriser leur consommation permet de conserver une bonne mémoire, de la vigilance, un bien-être émotionnel, baisse le mauvais cholestérol et augmente le bon...

Il faut éviter les acides gras trans dans la mesure du possible car ce sont des acides gras produits par l'industrie alimentaire qui favorisent les maladies cardio-vasculaires. On les trouve dans de nombreux produits transformés car ce type de graisse se conserve mieux et beaucoup plus longtemps qu'un acide gras polyinsaturé, bien plus fragile.

Où trouver de bons acides gras dans le règne végétal :

Dans le soja, comme nous en avons parlé dans un chapitre précédent.

Le fromage de type fêta au lait de brebis apporte environ 5% d'acides gras polyinsaturés. Les fromages de chèvres sont un peu plus intéressants.

Les œufs en apportent environ 4%.

La palme revient aux huiles telles que l'huile de colza, de pépins de raisins, de noix pour les Acides Gras Polyinsaturés (AGPI) et d'olive en mono-insaturés. D'autres huiles sont intéressantes mais elles se conservent très mal et une huile rance est potentiellement mauvaise pour la santé.

Il faut savoir que la mâche est le légume le plus riche en Oméga 3 (1% d'AGPI).

Les fruits oléagineux tels que la noisette (8% AGPI), l'amande avec peau (13.5% d'AGPI), les graines de lin (24% AGPI), le sésame en graines ou le Tahin (pâte de sésame) et la noix de pécan contiennent 23% d'AGPI, les graines de tournesol (33%AGPI).

En comparaison on peut dire que les poissons apportent entre 2 et 10% d'AGPI, ce n'est pas plus intéressant mais il est plus facile de manger 100g de poisson que d'avaler 100g de graines de lin ou de tournesol, régulièrement (du moins pour un omnivore).

Ceci peut vous faire comprendre combien il est difficile, si on ne choisit pas volontairement de se tourner vers ces aliments, de couvrir des besoins journaliers en acides gras essentiels.

Ceux-ci ont une importance primordiale sur la santé puisque **qui dit « essentiels » signifie qu'il n'y a pas d'autre moyen pour l'organisme** que l'alimentation pour se procurer ces précieux nutriments que sont l'acide alpha- linoléique (oméga 6) et l'alpha-linolénique (oméga 3). Ce dernier étant encore moins courant dans l'alimentation que le premier.

Les Omégas 6 et 3 interviennent dans tous les processus de reproduction et de croissance ainsi que la formation des cellules.
Seuls **les Oméga 3** interviennent dans la formation des membranes des cellules et dans celle de la rétine, dans l'intégrité de la peau, dans les fonctions rénales, dans les réactions inflammatoires, allergiques, vasculaires, immunitaires, etc. et aussi dans l'agrégation plaquettaire,

premier stade de la coagulation du sang. Ils jouent donc un rôle protecteur puisque c'est un caillot qui bouche une artère coronaire et crée un infarctus. La cascade complexe de la transformation des **acides gras essentiels** en Omega, et surtout celle en Omega 3 diminue d'intensité avec l'âge. C'est pourquoi **il faut absolument privilégier les aliments qui en contiennent.**

En pratique :

Essayez d'utiliser quotidiennement de l'huile d'olive, de colza, de noix et de temps en temps des avocats, des noix de cajou, des noisettes, des amandes, des noix de macadamia et des préparations de type Gomasio à saupoudrer sur vos salades, dans vos soupes …Vous pouvez également ajouter une petite poignée de graines de lin moulues sur vos salades mais conservez celles-ci au frais et il ne faut pas les moudre d'avance car elles rancissent très rapidement. Rances, elles deviennent très toxiques !

***

Info Gomasio : disponible dans les boutiques spécialisées mais que l'on peut faire soi-même- 1 c. à soupe de gros sel de mer pour 6c. à soupe de graines de sésame blond grillés à secs dans une poêle ou au four et broyés au pilon ou au moulin à café.

Le Gomasio permet de réduire le sel absorbé, cela donne de la saveur, c'est riche en acides gras insaturés, en acides aminés essentiels et en lécithine. **Cela fortifie le système nerveux et neutralise l'acidité** *tandis que le sel marin favorise la sécrétion des sucs digestifs et stimule tout le métabolisme.*

A présent, nous allons procéder par étapes : Comment passer, tranquillement, d'une alimentation omnivore à une alimentation qui contient moins de viande, puis encore moins pour ceux qui souhaitent devenir végétariens.

Rendez- vous au chapitre suivant…

Etape n°1
Diminuer la fréquence.

Si vous aviez l'habitude de manger de la viande à chaque repas, commencez par l'éliminer à un des deux repas, puis de faire des journées entières sans viande...

Il est très important de procéder lentement, principalement si vous vivez en couple, avec ou sans enfant.

Veillez à expliquer à la personne qui partage votre vie quelles sont vos motivations et les aspects positifs de cette démarche. Si vous avez la chance que cette personne partage votre point de vue, ce sera plus simple, sinon, ne lui imposez rien et composez vos menus de manière à ce que vous puissiez vous servir votre assiette végétarienne dans le choix proposé.

En agissant ainsi, vous éviterez de déclencher une guerre froide (ou chaude, selon le tempérament !!!).

Pour ceux dont l'objectif est simplement de diminuer leur consommation de viande, il suffit d'établir le plan journalier suivant, pour commencer :

Déjeuner	Dîner
1 portion de féculents	*1 protéine animale ou végétale*
Légumes cru et/ou cuit	*Légumes cru et/ou cuit*
1 fruit ou compote	*1 produit laitier ou équivalent*
	Pain ou équivalent

En sachant que le déjeuner et le dîner peuvent être inversés…

Ce plan, très simple, **permet de s'habituer progressivement** à avoir des repas qui ne contiennent pas systématiquement de la viande ou du poisson. Ce n'est pas une alimentation végétarienne mais cela se rapproche des normes d'équilibre alimentaire préconisées par les autorités scientifiques.

Cela permet **d'augmenter sa consommation de fruits et de légumes** et si l'on remplace la protéine animale par une protéine végétale une ou deux fois par semaine, on peut obtenir un total de viande (hors volaille) qui ne dépassera pas 500g dans la semaine, si les portions que l'on se sert sont raisonnables, bien entendu.

En matière de menus on peut conserver des aliments simples que l'on a l'habitude de consommer, sauf si vous aviez une alimentation de viande exclusive, auquel cas, vous devrez modifier totalement cette habitude.

Voici quelques menus en exemple pour vous guider :

Déjeuner   Dîner

Riz basmati   Filet de colin
Gratin de courgettes   Ratatouille
Salade verte   Coulommiers
Fraises   Pain

Spaghetti   Omelette nature
Champignons en sauce tomate   salade de crudités
Carottes râpées   Parmesan
Ananas   Pain

Quinoa   Escalope de poulet
Haricots verts en persillade   Purée de brocolis
Nectarine   yaourt aux fruits
                                         Pain

Si vous avez une activité importante ou que vous aviez l'habitude de manger davantage, il est très simple d'adapter ce type de plan comme ceci :

Déjeuner   Dîner

1 PORTION DE FECULENTS   1 PROTEINE ANIMALE OU VEGETALE
        +   1 PORTION DE FECULENTS
LEGUMES CRUS/ CUITS   LEGUMES CRU / CUITS
1 PRODUIT LAITIER OU EQUIVALENT   1 PRODUIT LAITIER OU EQUIVALENT
1 FRUIT OU COMPOTE   1 FRUIT OU COMPOTE

Dans ce plan-ci, les féculents apparaissant de manière régulière midi et soir, toute personne ayant une activité physique importante (travail ou sport), ne manquera pas d'énergie.

Voici d'autres menus en exemple, pour suivre ce dernier plan…

Déjeuner

Lentilles cuisinées
Carottes râpées au cumin
Brie
Pomme

Omelette aux pommes de terre
Salade d'endives et betterave
Bûchette de chèvre
Salade kiwi banane poire

Semoule de couscous
Aubergines à la parmesane
Salade verte
Yaourt aux fruits

Tarte à la provençale**
Salade verte
Salade de fruits de saison

Dîner

Filet de saumon
Jardinère de légumes
yaourt aux fruits
Mangue

Soupe au pistou
salade verte
fromage blanc
Compote pomme - cannelle

Salade de pois chiches,
Tomates, poivrons, oignons, thon, basilic
Ananas frais

Poulet au curry
Riz basmati et brocolis
Petits suisses et coulis de … framboise

Les plat accompagnés de ** signifient que la recette est dans « Le coin des recettes ».

Les <u>plats soulignés</u> contiennent des féculents *(pâtes, riz, pommes de terre, petits pois, maïs, pois chiches, lentilles etc...)*

***

Diminuer la viande est assez facile pour tous ceux qui n'en apprécie pas vraiment le goût mais pour ceux qui l'aiment, malgré les réticences intellectuelles et émotionnelles, c'est parfois très difficile de ne pas saliver à la seule pensée d'un bon steak grillé ou lorsqu'en été des odeurs de barbecues traversent les jardins pour arriver à vos narines…

Dans ce cas, cela signifie que vous n'êtes pas prêt à passer à l'étape suivante et peut-être ne le serez-vous jamais ? Que vous ayez choisi de diminuer votre consommation de viande pour des raisons de santé ou bien éthique, l'important est de continuer dans cette voix en trouvant un compromis suffisant pour ne pas vous sentir frustré d'avoir pris cette décision mais plutôt de vous sentir fier de vous.

Et si vous êtes dans ce cas-là, vous pouvez peut-être devenir Flexitarien en ne consommant de la viande ou du poisson qu'occasionnellement…vous pouvez vous faire plaisir lorsque vous en avez envie.

Faire ses courses et avoir des idées

Apprendre à faire vos courses de la semaine sans passer par le rayon boucherie-charcuterie est une étape primordiale dans votre évolution.

Pensez à des menus composés de féculents et de légumes : variez les féculents, essayez le millet, le boulgour, le quinoa, la patate douce mais si vous adorez les pâtes et le riz, ne vous en privez pas.

**Cherchez de nouvelles façons de cuisiner les légumes.
Ce n'est pas parce que l'on décide de manger sainement et Bio que l'on doive cuisiner vapeur et uniquement vapeur.**

C'est vrai que selon les saisons, on tourne toujours autour des mêmes légumes mais il y a de nombreuses manières de les cuisiner.

<u>La courgette, par exemple :</u> en gratin, en flan, en salade (crue râpée ou cuite en dés ou grillée), à la crème, en purée, en beignet ou en poêlée, mélangée à d'autres légumes, en soupe (velouté de courgette au fromage de chèvre ou en soupe froide à la menthe).

Plus vous aurez de recettes dans votre sac à idées et plus ce sera agréable. (Rendez-vous au chapitre suivant « Des légumes et des idées »)

Pensez à établir quelques menus d'avance ou bien notez sur un cahier le menu que vous venez d'inventer et qui vous a régalé ; ainsi, vous penserez à le refaire un de ces jours ! Car occupés par nos soucis quotidiens, on oublie souvent ce genre de chose.

Il en est de même pour les repas que l'on fait au restaurant ! Il m'est souvent arrivée, de retour d'un bon repas préparé par un chef imaginatif, de noter les associations du plat qui m'a ravie… alors même si le résultat à la maison n'était pas forcément à la hauteur du chef (je n'aurais pas cette prétention, mes talents culinaires sont limités), cela me permet de changer un peu et d'essayer autre chose.

« Le jour où les humains comprendront qu'une pensée sans langage existe chez les animaux, nous mourrons de honte de les avoir enfermés dans des zoos et de les avoir humiliés par nos rires… » (Boris Cyrulnik, psychiatre et psychanalyste français.)

Des légumes et des idées...

Afin de vous aider, voici quelques idées diverses parmi les nombreuses façons de cuisiner les légumes. Vous pourrez très facilement trouver des recettes correspondant sur les sites les plus célèbres de recettes de cuisine mais vous trouverez aussi quelques suggestions à la fin de ce guide dans « le coin des recettes ».

La liste n'est pas exhaustive et nous ne parlerons ici que de certains légumes « verts », ce qui signifie que vous ne trouverez pas les pommes de terre, les patates douces, les petits pois, le maïs et les légumineuses qui sont à ranger du côté des féculents.

Aubergine :
- Gratin à la Parmesane, Gratin en sauce tomate, Gratin à la béchamel
- Semelles d'aubergines grillées au four
- Dans la ratatouille Niçoise (oignon, poivron, courgettes, aubergines, tomate)
- Purée d'aubergine
- Dans la soupe au pistou, dans les légumes du couscous, dans les poêlées de légumes grillés...

Artichaut :
- En vinaigrette
- En ragoût, en sauce tomate et olives noires

Asperge :
- En vinaigrette
- En omelette

Betterave :
- Crue râpée en salade
- Cuite en salade
- Dans la soupe

Brocoli:
- En purée
- Vapeur en vinaigrette, à la crème fraîche ou crème de coco
- Au wok, mélangé à d'autres légumes

Carottes :
- Râpées en vinaigrette
- En purée
- En potage (potage Crécy carottes-riz)
- Poêlées façon Vichy
- Poêlées au cumin, au curry ou à la crème de coco, en persillade

Courgette :
- Gratin à la béchamel
- Poêlée, avec ail et persil
- En potage, à la menthe, au fromage de chèvre
- En beignets
- En purée

- En salade crue râpée ou cuite en dés
- Dans la ratatouille (oignon, poivrons, courgettes, tomates, aubergines).

Céleri-rave :
- Cru, râpé en salade
- Cuit, en purée
- Cuit, en purée gratiné avec une béchamel

Concombres :
- En salade
- Au yaourt ou à la crème
- Cuits, farcis (comme les courgettes, après avoir enlevé les graines)
- Poêlés (On en a peu l'habitude mais cela se fait)

Champignons :
- En salade pour les champignons de Paris
- Farcis (au fromage frais et aux herbes)
- Poêlés, grillés en persillade, à la crème, en sauce tomate.

Chou-fleur :
- Cru accompagné d'un fromage blanc aux herbes
- Bouilli ou vapeur, en vinaigrette
- En gratin

Chou chinois :
- En salade façon asiatique
- Cuit braisé
- En soupe

L'endive :
- Braisée dans un verre de jus d'orange ou nature
- En gratin sauce béchamel
- En salade, crue

Les épinards :
- En gratin à la béchamel
- Poêlés au wok (épinards frais)
- A la crème fraiche ou crème de coco
- En purée

Le fenouil :
- En gratin à la béchamel
- Cuits à la vapeur ou bouillis en vinaigrette
- Braisés à la poêle.

Les haricots verts :
- En salade
- En poêlée, en persillade
- Dans la jardinière de légumes (petits pois, carottes, pommes de terre et haricots verts)
- Dans les poêlées de légumes variés, ou au wok.

Germes de haricots Mungo (soja vert)
- En salade, cru
- Dans les poêlées de légumes, façon wok, juste saisis.
- Vermicelles secs de haricots Mungo (façon pâtes chinoises)

Navets :
- Braisés
- Vapeur
- Dans la soupe
- En purée

Petits pois :
- En jardinière de légumes
- En salade, frais
- Dans une préparation de steak végétal

Poivron :
- Cru en salade
- Grillé au four et épluché (poivron rouge, à l'huile d'olive et ail)
- En accompagnement façon « basquaise » (poivrons et sauce tomate poêlés)

Poireau :
- Bouilli ou vapeur en vinaigrette
- En potage
- Fondue de poireau (braisé longuement à la poêle)

Pourpier :
- En salade

Radis rose, Radis noir :
- A la croque, émincés dans les salades...
- Râpé en salade.
- En jus

T

Et même si on sait tous que c'est un fruit, la sagesse veut qu'on l'utilise de mille et une façons, autres que dans une salade de fruits ;)

La tomate :
- En sauce
- Farcie au riz
- à la Provençale
- En salade
- Gaspacho

Etape n°2
La chair animale devient occasionnelle

Lorsque vous aurez pris l'habitude de ne plus consommer de viande ou poisson à tous les repas, vous pourrez essayer de faire en sorte que votre quotidien n'en contienne plus

Du coup, vos repas prendront cet aspect-là :

1 féculent et/ou 1 protéine végétale

1 légume ou plus

1 laitier ou équivalent

1 fruit

Voici quelques menus pour illustrer ce plan :

Déjeuner

Salade de boulgour, carottes
Tomates, poivrons grillés
Féta
Clémentines

Dîner

Pizza végétarienne
 aux légumes
yaourt au soja
Salade d'oranges aux
 amandes grillées

Salade de pommes de terre
haricots verts, 2 œufs durs
yaourt aux fruits
Ananas

Couscous et ses légumes
Salade verte
Fromage blanc
Compote poire

Quinoa
Aubergines à la parmesane
Salade verte
Yaourt au lait de chèvre
Compote pomme mangue

Falafels **
Salade d'endives, fonds
d'artichauts et tomates
mozzarella, basilic
Pomme

Gnocchi de pommes de terre
Gruyère râpé
Salade verte
Salade de fruits de saison

Spaghetti sauce tomate
aux courgettes
yaourt soja aux fruits
Kiwi

Cette base étant une base d'équilibre et si les portions que vous ingérez sont raisonnables, votre poids devrait rester stable mais si vous exagérez et que vous avez peu d'activité vous risquez de grossir surtout si vous êtes une femme !

Dans ce cas-là, vous pouvez composer votre menu de manière plus allégée, en alternant ainsi les repas contenant des féculents et ceux qui n'en contiennent pas.

Déjeuner

Quinoa
Purée d'aubergines

Dîner

Potage crème de
courgettes au chèvre

en sauce tomate
yaourt nature

Omelette aux
Champignons
Salade de mâche
Fromage

Steak de soja aux légumes
Tomates à la provençale
Banane

Salade d'endives
Orange

Pâtes aux poireaux
salade verte

Pomme

Poêlée de pommes de terre, haricots verts et carottes
Fromage blanc aux framboises

Les repas à l'extérieur

Que l'on soit invité chez des amis ou bien que l'on aille au restaurant, on se trouve souvent confronté au problème : « Que vais-je pouvoir manger ? »

Etre végétarien est encore considéré comme anormal, même si c'est dans l'air du temps et que les végétariens sont de plus en plus nombreux.

On peut expliquer à nos amis ou à notre famille que nous ne désirons plus consommer de chair animale mais il arrive encore très souvent qu'ils ne comprennent pas cette notion. J'avoue que cela m'épuise souvent de devoir expliquer qu'un poisson, aussi, est un animal…et qu'un poulet, même s'il n'a pas l'air intelligent (et ce n'est qu'un préjugé) en est un aussi.

Je remarque aussi des aberrations dans le commerce. Dernièrement, dans un petit supermarché qui propose des salades fraîches à emporter (*bonne idée* ! ai-je pensé), une salade nommée « salade végétarienne » contenait du quinoa, de la tomate, du thon et du saumon…cherchez l'erreur.

Il est encore plutôt rare, en dehors de certaines grandes villes et de certains aéroports internationaux, de trouver des plats végétariens, des vrais, au menu. Et lorsque l'on va au restaurant, on passe souvent un bon moment à se demander ce que l'on va bien pouvoir choisir à part la salade de tomates proposée en entrée.

Ce n'est pas simple et il va falloir attendre que les mœurs évoluent encore un peu pour que ce choix soit agréable à vivre.

J'avoue que plutôt que de me buter et de culpabiliser sans cesse, j'ai opté pour le flexitarien naturellement...
Cela donne un nom un peu compliqué à ma manière de procéder qui en réalité est une façon de simplifier les choses pour l'instant. Il est vrai aussi que face à un menu proposé, cela me semble moins grave de choisir des Noix st-Jacques accompagnées de riz plutôt que du veau dont je visualise instantanément le doux regard et je ne culpabilise pas trop. Mais avouons qu'étant originaire d'une région où la charcuterie et le veau entier grillé sont de tradition, cela complique la bataille.

Si vous désirez devenir végétarien ou encore plus poussé : Végan…et que vous vivez dans une petite ville ou à la campagne, je pense que vous devrez limiter vos sorties en attendant d'être parfaitement aguerri car sans cela vous vous sentirez extrêmement frustré.

C'est d'ailleurs parfois pire que de la frustration…lorsque l'on a réalisé la souffrance animale, que l'on a compris qu'un animal avait probablement eu une vie d'enfermement et de maltraitance (je pense principalement à l'élevage industriel) avant de mourir pour nous nourrir et que la plupart des gens dont on faisait partie, mangent sans y penser et sans reconnaissance, une immense tristesse nous envahi.

Avec le temps, vous commencerez à repérer les bonnes adresses où vous pourrez aller déjeuner ou dîner tranquillement et avec plaisir mais au départ cela semble quasiment insurmontable et il m'est assez souvent arrivé de rentrer chez moi triste et en colère. Au point qu'à un moment mes repas à l'extérieur se sont limités à la pizzéria qui proposait une pizza végétarienne excellente (que les Végans peuvent demander sans fromage).

Voici une idée des plats les plus courants parmi lesquels vous pouvez choisir :

- Pizza végétarienne (sans fromage pour les Végans)
- Pizza Marguerita (tomate mozzarella, végétarien)
- Rizotto aux légumes (attention, il y a du parmesan dedans, en général)
- Spaghetti à la Putanesca (sauce tomate et olives noires)
- Pâtes en sauce tomate
- Salade tomates mozzarella (végétarien mais non Végan)
- Salade de chèvre chaud (végétarien mais non Végan)

Et parfois il y a des plats à base de féculents et de légumes telles que des salades à base de quinoa et de petits légumes, des lasagnes de légumes, des tartes aux légumes ou bien dans les restaurants indiens, par exemple, vous pourrez choisir une base de pain Naan et du riz blanc accompagné de diverses préparations épicées de légumes, délicieux, et ça, c'est formidable…

Quelle est votre situation familiale et professionnelle ?

Voici ce qui peut poser une difficulté supplémentaire...

Il existe sans aucun doute des bouchers végétariens mais ils ne doivent pas être très nombreux... Ceci dit, je connais des pâtissiers qui n'aiment pas le sucre et dernièrement le marchand de légumes chez lequel je me sers m'a avoué ne jamais en manger ! (Un paradoxe, et pourtant, il vend les légumes provenant du potager familial et d'autres produits locaux fabriqués artisannalement, d'excellente qualité).

En ce qui concerne la viande ou tout autre produit en provenance de chair animale, c'est plus compliqué. Dans ma région, il y a de nombreux fabricants de Figatelli et tout comme ceux qui fabriquent des fromages, ils ne consomment pas tous leur production mais c'est tout de même assez rare. Ce qui est compliqué, ce n'est pas de consommer ou pas. C'est d'accepter de tuer.

En tant que diététicienne, j'imagine tous les jours de nouveaux menus pour mes patients...Il y a celui qui veut maigrir, celui qui a des soucis digestifs et qui ne peut pas manger de crudités et doit se limiter en fibres irritantes, celui qui est intolérant en gluten, celui ou celle qui manque de fer, le diabétique, celui qui a trop de mauvais cholestérol ou des soucis rénaux, celui qui est allergique au lactose, à l'arachide, qui n'aime pas ceci ou cela ou qui a une phobie des fruits (oui, ça existe !)...

En clair, chaque personne a des besoins différents et chaque besoin correspond à un type d'alimentation à laquelle je dois m'adapter afin de proposer les menus idéaux.

Un menu « idéal » est un menu composé de manière à avoir suffisamment de variété pour n'avoir aucunes carences. C'est aussi un menu qui permettra à la personne qui le suit d'obtenir les résultats souhaités en se sentant bien. Si elle veut maigrir, grossir, réguler son transit, faire du sport ou veiller à avoir une belle grossesse, le menu est là pour veiller à ce que cela soit possible.

Mon souci majeur c'est la santé.

Si la demande de mon patient n'est pas en accord avec cette règle qui est primordiale à mes yeux, je refuse d'adhérer à sa demande (c'est arrivé, parfois).

Ecrire des menus comportant de la viande lorsque l'on a décidé de ne plus en consommer c'est particulièrement difficile. Lorsque j'écris « côtelette de veau », j'ai l'impression de commettre un meurtre. Il y a eu une période où je me suis sérieusement demandé comment continuer ce travail que j'adore sans avoir à en souffrir psychologiquement. Et puis je me suis raisonnée et cela m'a permis de prendre du recul car j'ai réalisé qu'on ne peut pas imposer notre choix aux autres. Chacun fait son chemin et celui-ci est très personnel.

Cela ne serait pas professionnel de rejeter tout ce que je sais et que j'ai appris pour n'aller que dans le sens que j'ai choisi moi-même et surtout de me servir de ma situation professionnelle pour influencer mes interlocuteurs.
Je me contente donc de suivre les conseils divulgués par les autorités en matière de diététique et ceux-ci concernent bien heureusement la diminution de consommation de viande !

J'avoue être toutefois très heureuse de voir qu'il y a une évolution des mentalités qui va dans le sens que j'ai choisi moi-même et qui a réalisé combien nous étions manipulés dans tous les sens, au point de nous rendre malades.

Je me dis que si je réussis à faire comprendre à certains de mes patients qu'il ne faut plus dévorer de la viande midi et soir mais remplacer au moins un des deux repas par des féculents accompagnés de légumes, j'aurais posé ma pierre dans l'édifice. Ma participation dans la survie de l'humanité n'aura pas été nulle. C'est aussi la raison qui m'a poussée à écrire ce petit guide. J'espère qu'il vous aura donné envie de continuer dans ce sens.

Alors, si vous avez la chance de travailler dans le domaine de l'alimentaire, peut-être pourrez-vous, vous aussi, contribuer à changer les mentalités en douceur ?

Si vous tenez un restaurant, il est temps d'inclure dans vos menus quelques suggestions végétariennes.
Si vous travaillez dans un supermarché, peut-être pourriez-vous suggérer de développer les rayons Bio, végétarien ainsi que Végan.

Par contre, **je pense qu'il est impératif de ne jamais chercher à imposer ses idées et ses choix au risque d'obtenir l'effet inverse !** La personne qui n'est pas prête à changer (et ceci vaut dans tous les domaines de la vie : amour, régimes amaigrissants etc.) ira toujours à l'opposé de ce qu'on lui conseille si elle n'a pas fait un bout de chemin toute seule au préalable. C'est humain. En vérité, je suis persuadée que l'exemple est la meilleure des éducations et la douceur vaut mieux que dix bâtons.

Si vous êtes mère de famille ou bien père ou mère célibataire (les divorces sont si courants de nos jours qu'il y a de nombreux parents des deux sexes qui prennent en main l'équilibre alimentaire de leurs enfants, j'en reçois beaucoup dans mon cabinet), veillez à donner le bon exemple. Proposez des féculents et des légumes, en priorité, à vos enfants et s'ils mangent de la viande chez l'autre parent, ne vous butez pas ! Votre enfant aura eu les deux éducations, il n'en mourra pas. Arrivé à l'âge adulte il pourra choisir en ayant tous les éléments en main.

« L'effet physique qu'exercerait un mode de vie végétarien sur le tempérament humain aurait une influence extrêmement positive sur l'humanité » (Albert Einstein)

Etre sportif et Végétarien

Le domaine du sport est probablement le domaine où il y a le plus de mensonges et de préjugés alimentaires qui circulent.
On y entend de tout et surtout n'importe quoi.

Cela passe des régimes hyperprotéinés qui sont censés faire prendre de la masse musculaire alors que l'on sait précisément que le muscle a surtout besoin de glucides pour être entretenu et nourri et certaines sources de glucides (féculents, légumineuses) sont des sources de protéines végétales excellentes qui évitent l'excès d'acidité de l'organisme, cause de nombreuses douleurs et blessures chez le sportif !

Il y a aussi ceux qui se lancent dans des régimes extrêmes supprimant justement ces glucides et favorisant les graisses et les protéines animales. C'est la dépression assurée en fin de parcours !

Le besoin de performance mais aussi le besoin de rester dans l'extrême afin de conserver la motivation de continuer poussent certains sportifs à oublier que leur corps n'est pas une machine et que s'ils n'en prennent pas soin, ils le payeront un jour prochain.

J'ai la chance de suivre de nombreux sportifs dans leur démarche.

En général ils souhaitent obtenir un corps musclé mais sec, en particulier dans les cas où la pratique sportive est basée sur l'endurance (cyclisme, triathlon, course à pieds, marathon).

La difficulté majeure chez le sportif qui pratique de manière intensive est de conserver une glycémie stable. Car celle-ci permet non seulement de ne pas avoir d'hypoglycémies durant l'effort (cela coupe littéralement les jambes et prive de toute énergie) mais aussi d'éviter les fringales intempestives après l'effort (et celles-ci font des ravages en faisant prendre du poids mais aussi car elles dérèglent l'organisme pour au moins 3 jours !)

Or, l'alimentation végétarienne est parfaitement adaptée au sport, la preuve, il y a de grands noms dans l'histoire du sport qui sont végétariens ou végétaliens ! Carl lewis (10 médailles olympiques dont 9 en or), végétalien. Surya Bonaly, célèbre patineuse française, végétarienne, 3 fois médaillée du championnat du Monde et championne d'Europe à 5 reprises. Chris Campbell, champion de lutte, végétarien. Rich Roll, triathlète végétarien. Mathieu Herault triathlète Végan. Brendan Brazier, ironman végétalien…Pour n'en citer que quelques-uns.

En adoptant une alimentation végétarienne, on favorise les protéines végétales ainsi que les glucides complexes. Le résultat sur le métabolisme est extrêmement positif puisque les muscles sont ainsi parfaitement nourris et l'équilibre acido-basique est préservé au mieux.

Il ne faut pas oublier que **les protéines animales favorisent l'acidité** dans l'organisme et que cette acidité, couplée avec l'acide lactique produite durant un effort intense, favorise les blessures et les douleurs. En adoptant un régime acido-basique : moins de protéines animales, plus de protéines végétales, de céréales complexes et de légumes**, on préserve davantage son capital énergétique et sa santé.**

Cela dit, si vous ne souhaitez pas arriver à cet extrême et vous souhaitiez rester Flexitarien, c'est aussi bien. Suivez vos envies...

En ne consommant de la viande ou du poisson que de temps en temps, lorsque l'on a l'impression que notre corps nous le réclame, on apprécie davantage et on n'est pas frustré !

Par contre, lorsque je vois de jeunes sportifs se lancer dans des régimes hyperprotéinés pour sécher et être plus performants, j'ai les cheveux qui se dressent sur la tête ! J'espère que les mentalités changeront et que nous arriverons enfin à détrôner ces manipulateurs qui gagnent de l'argent en se moquant de notre santé.

Le danger de cette méthode est aussi sur le long terme : en suivant un régime hyper protéiné durant la pratique sportive, le muscle sèche, dépéri, disparait. Alors tant que nous faisons beaucoup de sport, nous brûlons beaucoup de calories ainsi la graisse disparait aussi mais dès que nous diminuons l'activité physique la reprise du poids en graisse revient encore plus vite !

Les régimes hyper protéinés chez les sportifs favorisent les blessures, le poids yoyo, la dépression, les soucis digestifs (mauvaise haleine, flatulences nauséabondes, constipation), l'acidité de l'organisme (mauvais sommeil, douleurs musculaires, articulaires etc.)

Quel que soit le sport que vous pratiquez, veillez à ne JAMAIS supprimer les féculents de votre alimentation et diminuez les protéines animales, en particulier les viandes.

Moins de viande pour les enfants

Je rencontre très souvent des enfants qui consomment plus de viande que les adultes...c'est extrêmement mauvais pour eux qui n'ont pas besoin d'autant de protéines et encore moins de protéines animales.

Les enfants ont principalement besoin de manger des féculents et si ceux-ci sont variés c'est encore mieux ! Habituez-les aux pâtes, riz, lentilles, quinoa, flageolets, pois chiches, pommes de terre, petits pois, maïs, patate douce mais aussi à consommer des légumes en accompagnement...

Le frein des légumes chez les enfants...

Certaines études ont démontré que 80% des enfants ne consomment toujours pas 5 fruits et légumes par jour.

Une étude nommée « *Cognitive development and children's perceptions of fruit and végétable* » a démontré que l'apparence, la texture, le goût et l'aigreur sont des facteurs déterminants dans l'acceptation des légumes chez les jeunes enfants.

Ils ont, pour la plupart, une préférence marquée pour les aliments tendres, très énergétiques comme le sont les pâtes ou le riz. Ils préfèrent, généralement, largement les fruits aux légumes.

Ce qui les rebute en ce qui concerne les légumes c'est :
- A 4-5 ans : les légumes amers.
- A 7-8 ans : les légumes amers et les fades.
- A 11-12 ans : les légumes amers, aigres et fades.

Vous pouvez en déduire aussi bien que moi que tous les légumes qui ont une saveur douce, sucrée et que l'on peut cuisiner en relevant un peu le goût sont plus susceptibles de passer : carotte, potimarron, potiron, haricot vert, courgette, aubergine, poivron jaune et rouge (plutôt cuits)…

L'aspect visuel compte énormément. Soignez la présentation des assiettes.

Il faut noter qu'il y a une période que l'on nomme **« la néophobie alimentaire » qui se situe entre deux et huit/neuf ans** durant laquelle l'enfant rejette de nombreux aliments qu'il acceptait auparavant. Agir ainsi est une manière pour l'enfant d'exprimer son opposition. C'est notamment le cas des légumes qui, auparavant préparés en purée, sont maintenant proposés en entier.

La solution est de répéter les tentatives, d'essayer de cuisiner les légumes de manière à faire disparaitre la saveur amer et de les rendre moins fades. En gratin, en poêlées, en salades composées et en essayant de les mélanger avec des aliments qu'ils apprécient.

Cela est assez facile de proposer des pâtes, du riz ou des pommes de terre mélangées à des légumes cuisinés, de manière à détourner un peu son attention.

L'ajout de sauce tomate, de béchamel ou de crème permet aussi d'adoucir certaines saveur amer et cela rehausse le goût.

Si votre enfant aime les saveurs épicées, n'hésitez pas à en ajouter ! Une pincée de curry doux dans une crème, du paprika, du cumin moulu…il faut tester.

N'ayez aucune crainte en ce qui concerne les carences ! Votre enfant ne manquera pas de protéines si vous lui proposez du fromage, des yaourts, du lait et des œufs…

Vous pouvez lui faire griller un steak, une escalope de poulet ou un filet de poisson de temps en temps aussi si vous-même n'êtes pas végétarien mais flexitarien.

La viande ou le poisson ne sont pas interdits, c'est la surconsommation qui nuit à la santé (et à la planète)…Habituez vos enfants à manger de tout et moins de viande afin de prévenir certaines maladies à l'âge adulte.

S'il mange des légumes tous les jours et que vous l'emmenez manger un hamburger de temps en temps parce qu'il en raffole, ce dernier ne lui fera pas grand mal. S'il en consomme trop souvent, alors, cela devient un poison.

Et même si ce n'est pas le thème de ce petit guide je me dois d'ajouter que **les deux fléaux de notre alimentation étant la surconsommation de viande et le sucre,** soyez vigilant avec les deux en ce qui concerne l'éducation de vos enfants. Un peu, c'est bien. Trop, c'est trop.

Plutôt que de lui proposer des biscuits industriels ou des pâtisseries du commerce, proposez-lui des fruits secs, des salades de fruits, des crêpes ou des gâteaux maison que vous aurez confectionné vous-même !

Le coin des recettes

Yaourt maison au lait végétal

Ingrédients pour 1 kg de yaourt
– 1 L de lait végétal au choix (riz, amande… en brique ou reconstitué à partir de poudre)
– 80 g de fécule (arrow-root de préférence)
– 2 pincées d'agar (un peu moins de 1/2 cuillère à café ou un peu moins de 1 g)
– Des ferments pour 1 L de lait (j'utilise 1/2 gélule de probiotiques + 1 sachet de préparation pour dessert fermenté de soja) ou 100 g de yaourt d'une fournée précédente

Préparation
– Dans une casserole, délayez la fécule et l'agar dans le lait végétal.
– Faites cuire tout en mélangeant pendant au moins 5 minutes, jusqu'à obtenir une crème.
– Laisser tiédir la crème (attention, pas refroidir totalement sinon l'agar va solidifier, une température de bain bien chaud, environ 40 °C, suffit) puis y incorporer les ferments.
– Incuber comme des yaourts normaux, environ 6 h à environ 42 °C.
– Placez au moins 1 h au frais avant de déguster (pour que la texture se raffermisse).

Si vous utilisez du lait de soja, pas besoin de fécule ni d'agar : il contient assez de protéines pour prendre en masse comme les yaourts normaux au lait de vache, mais pour obtenir une consistance plus épaisse, il faut augmenter le temps de chauffe. Testez selon votre appareil afin d'obtenir la bonne texture. N'oubliez pas que les yaourts modifient de consistance lorsqu'ils refroidissent.

Variante de goût : Tous les laits végétaux fonctionnent pour cette recette : on obtient un goût tout doux avec du lait de riz, un goût plus marqué avec du lait de noisette… alors n'hésitez pas à varier les plaisirs !

Variantes de texture : Pour une texture brassée, supprimez l'agar. Pour une texture plus onctueuse, augmentez la quantité de fécule. Pour une texture plus fluide, diminuez la quantité de fécule. Attention, la texture se fluidifie lors de la fermentation si vous utilisez de la fécule de pomme de terre. En tout cas, n'augmentez pas la quantité d'agar sous peine d'obtenir des flans.

Si vous n'avez pas assez remué pendant la cuisson et que la fécule a fait de gros grumeaux, il y a 2 solutions, toutes les deux un peu longues. Solution 1 : casser les grumeaux en fouettant longuement au fouet à main ou à la cuillère. Solution 2 : casser les grumeaux en mixant au mixeur plongeur, puis, comme le mélange est redevenu quasi liquide, le refaire chauffer pour qu'il épaississe à nouveau.

Recettes à base de pois chiches

Houmous :
Ingrédients pour un bol de houmous
– 200 g de pois chiche cuits
– 25 g de graines de sésame blond complet
– 4 cuillères à soupe d'huile d'olive
– 2 cuillères à café de jus de citron
– 1/2 cuillère à café de sel
– 1/2 gousse d'ail
– Pour servir, du cumin ou du paprika en poudre

Préparation
– Dans un saladier, mélanger les graines de sésame avec l'ail, l'huile, le jus de citron et 100 g de pois chiche. Mixer avec un mixeur plongeant jusqu'à obtenir un mélange lisse, où les graines de sésame ont disparu.
– Ajouter le reste des pois chiche et mixer jusqu'à obtenir une crème lisse et épaisse.
– Ajouter le sel et, selon votre goût, du jus de citron, de l'eau, de l'huile.
– Servir saupoudré de cumin.

Le houmous se déguste tartiné sur du pain (pain grillé, ou pain pita ou autre selon les goûts). On peut aussi s'en servir de sauce-crème pour y tremper des bâtonnets de légumes (courgettes, carottes, céleri branche, concombre, bouquets de chou-fleur).

Salade de pois chiches :

Pois chiches cuits avec des oignons finement émincés, de l'huile d'olive, du vinaigre balsamique et du cumin moulu. A préparer un peu à l'avance pour que les pois chiches prennent bien le goût des condiments.

Les panisses :

Mélanger 150g de farine de pois chiches avec 1.5 cuillérée de sel et 500g d'eau. Verser le tout dans un moule à cake et cuire 1h environ au four à 160°C. Après refroidissement complet (préparer la veille), couper le bloc en tranches de 3mm d'épaisseur et faites-les frire. A déguster chaud ou froid.

Intéressant à intégrer sur une assiette composée contenant divers légumes en crudités par exemple.

La Socca :

Connue ici en tant que spécialité Niçoise, la Socca se déguste chaude ou froide. On la retrouve dans de nombreuses régions du monde, sous diverses appellations (*Farinata, Panelle, Calendita, Faina, Cecina* etc..).
Pour un moule à tarte de 33cm :
Mélanger 250g de farine de pois chiches avec 750g d'eau, progressivement. Puis 3 cuillérées à soupe d'huile

d'olive, 1 cuillérée à café de sel et soit du romarin, soit du cumin...
Verser dans le moule bien huilé. L'épaisseur est d'environ 2cm. Et enfourner 20 minutes à 200°C jusqu'à ce que cela soit un peu doré.

Falafels

Pour environ 30 pièces :
-440 g de pois chiches secs (ou cuits en conserve)
- 1 oignon finement haché
- 2 gousses d'ail pilées
- 2 cuillères à soupe de persil frais haché
- 1 cuillère à soupe de coriandre fraîche hachée
- 2 cuillères à café de cumin moulu
- 1/2 cuillère à café de levure
- huile végétale pour la friture

Préparation :
Faire tremper les pois chiches dans 750 ml d'eau pendant 4 h au moins (sautez cette étape si vos pois chiches sont déjà cuits).
Les égoutter, puis les mixer au robot pendant 30 secondes, jusqu'à ce qu'ils soient finement hachés.
Ajouter l'oignon, l'ail, le persil, la coriandre, le cumin, la levure, 1 cuillère à soupe d'eau.
Saler, poivrer puis mixer 10 secondes, jusqu'à ce que le mélange forme une pâte grossière.
Couvrir et laisser reposer 30 mn.
Prélever plusieurs cuillères à soupe de pâte et façonner

des boulettes à la main.
Éliminer l'excédent de liquide en pressant.
Verser l'huile végétale dans une sauteuse jusqu'au tiers de sa hauteur et la faire chauffer à 180°C. Pour contrôler la température, plonger un morceau de pain dans l'huile : celui-ci doit dorer en 15 secondes.
Plonger doucement les boules de pâte dans l'huile. Faire frire les Falafels 3 à 4 mn en plusieurs fois.
Lorsque les Falafels sont dorés, les prélever avec une grande écumoire. Les égoutter soigneusement.

J'aime les intégrer dans une assiette composée avec une belle salade verte, un peu de taboulé, de la salade de tomate et de l'houmous. Le côté « sec » des pois chiche est adouci avec les salades fraîches.

***

Tarte à la Provençale

Préparer un fond de pâte brisée ou feuilletée (ce dernier est plus gras). Tartiner de moutarde. Emincer de fines lamelles de gruyères et les disperser sur le fond de pâte. Recouvrir de rondelles de tomates (des cœurs de bœuf, à la chair bien ferme et dense de préférence) . Saupoudrer d'Herbes de Provence ou d'origan. Enfourner four th 6-7 (210/240°C) jusqu'à ce que la pâte soit bien dorée.

Comment faire germer des graines…

Il existe de nombreux gadgets pour faire germer les graines mais il est très simple d'utiliser de vieux pot de confiture en verre : pour cela, ôtez le couvercle en métal et remplacez-le par un morceau de filet fin ou un morceau de coton non teinté que vous ferez tenir par un élastique. Une fois que les graines ont germé vous pouvez remettre le couvercle en métal pour les conserver jusqu'à leur consommation.

Que ce soit pour l'alfalfa ou pour les haricots mungo, vous pouvez acheter vos graines dans un magasin de produits naturels et vous en utiliserez 2 cuillérées à soupe que vous étalerez sur une grande assiette pour trier toutes celles qui sont cassées car elles ne germeront pas mais aussi tous les petits graviers ou autre. Ensuite, versez les graines dans une passoire très fine (de type passoire à thé) et lavez-les soigneusement à l'eau froide. Placez-les ensuite dans votre pot, couvrez abondamment d'eau tiède et laissez les tremper toute une nuit.

Le lendemain matin vous pourrez attacher le voile de tissu ou petit filet sur le dessus et videz l'eau des pots avant de rincer à nouveau à l'eau fraiche puis vider à nouveau toute l'eau des pots.

Couchez les pots sur le côté dans une assiette ou un plateau et répartissez les graines en agitant légèrement les pots.

Surveillez chaque jour vos graines, elles doivent rester humides pour pouvoir germer. En général, on les rince deux fois par jour mais s'il fait très chaud, cela peut se faire quatre ou cinq fois.

L'alfalfa peut mettre 4 à 5 jours pour germer et être prêt à manger, les haricots mungo sont plus rapides (2 ou 3 jours).

Quand elles ont atteint la bonne taille, placez les pots en plein soleil devant une fenêtre si possible et tournez les régulièrement jusqu'à apparaissent des petites feuilles vertes sur les germes. Rincez-les deux ou trois fois à l'eau froide, videz à nouveau l'eau et laissez-les au réfrigérateur jusqu'à ce qu'elles croustillent mais si elles y restent trop longtemps elles perdent leur goût. Il faudrait les consommer en 4 ou 5 jours.

Les graines germées sont délicieuses en salade, consommées telles quelles ou hachées. Elles font une jolie garniture sur le dessus d'une salade.

Ceci dit, si vous n'avez ni le temps ni la patience de faire pousser vos graines, on en trouve de plus en plus souvent dans les supermarchés, au rayon frais.

Comment préparer votre lait végétal

Mettez tous les ingrédients suivants dans un moulin électrique :

-2 cuillérées à soupe de graines de tournesol crues, sans la coque.
-12 amandes entières crues avec la peau
-1 cuillérée à soupe de graines de sésame complète (avec la coque)
Réduisez-les en poudre très fine.
Mettez ensuite le tout dans un mixeur ou un Blender avec 480 ml d'eau chaude et 1 cuillérée à soupe de miel doux puis mixez à grande vitesse pendant 2 à 3 minutes. C'est prêt à consommer !

***

Assortiment de légumes au pistou (au micro-ondes)

Ingrédients : 200g de haricots verts, 150g de carottes, 1 courgette, 1 poivron
Pour la sauce : soit une sauce au pistou du commerce, soit à faire soi-même : 10g de pignons, 5g de moutarde, 2 c. à soupe de jus de citron, quelques feuilles de basilic, sel et poivre.

Préparation :

Lavez la courgette, coupez-la en petits morceaux. Equeutez les haricots verts, lavez-les. Epluchez les carottes et taillez-les en petits dés.

Mettez tous ces légumes dans un Tupperware spécial cuisson au micro-ondes avec un peu d'eau au fond et faites cuire environ 4 à 5 minutes (ils doivent être légèrement croquants)

Coupez le poivron en 2, égrainez-le et mettez-le au four face bombée vers le haut, il doit légèrement se colorer. A la sortie du four, retirez la peau et coupez-le en grosses lanières.

Pour l'assaisonnement, mélangez l'huile, les pignons, les feuilles de basilic, le jus de citron, la moutarde, le sel, le poivre et l'ail haché. Mixez le tout à l'aide d'un mixeur jusqu'à l'obtention d'une sauce onctueuse.

Consommez ces légumes accompagnés de la sauce au pistou.

***

Terrine de légumes

<u>Ingrédients pour 6 personnes</u> : 5 carottes, 4 courgettes, 1 brocoli, 30cl de crème liquide à 18%MG (ou crème de soja cuisine), 4 œufs, piment (selon votre goût), sel et poivre

<u>Préparation</u> : Couper les carottes et les courgettes en longueur.
Faire cuire les carottes et les brocolis à l'eau et ébouillanter les courgettes.
Battre les œufs avec la crème, saler, poivrer et ajouter du piment selon votre goût.
Dans un plat à cake, disposer du papier cuisson.
Au fond du plat, étaler un peu de la crème. Mettre les

courgettes en tassant bien, remettre une couche de crème, mettre les carottes en serrant bien, remettre de la crème et étaler les brocolis.
Recouvrir du restant de crème. Fermer le papier cuisson sur le dessus et enfourner à four moyen pendant une bonne heure, au bain marie.
Mettre au réfrigérateur une nuit.
Servir avec une mayonnaise allégée d'un demi-yaourt, ou d'une sauce tomate relevée

***

Riz au lait au chocolat et noisette (Végan et sans gluten)

<u>Pour 4 personnes :</u> 1/2litre de lait de soja, 130g de sucre de canne, 130g de riz rond, 3cs de cacao en poudre non sucré, 2 cs de purée de noisettes

<u>Préparation</u> : Dans une casserole, versez le lait de soja avec le sucre et le cacao. Fouettez énergiquement.

Mettre à cuire sur feu moyen. Lorsque le lait est chaud, versez le riz et laisser cuire en mélangeant de temps en temps durant environ 20 à 25 minutes.

En fin de cuisson, ajoutez la purée de noisette.

Versez dans un plat et laissez refroidir un peu avant de mettre au réfrigérateur.

***

Dessert crème avoine chocolat

<u>Ingrédients pour 4 à 6 petits pots :</u> 1 brique de 20cl de crème d'avoine, 50ml de lait d'avoine, 100g de chocolat noir pâtissier, 3cs de sirop d'agave, 1 cc de vanille en poudre
Amandes effilées grillées pour décorer.

1. Faites fondre le chocolat dans la crème, laissez épaissir sur feu doux
2. Hors du feu, ajoutez le lait, la crème, le sirop d'agave et la vanille en mélangeant bien.
3. Versez dans les petits pots et mettez au frais.
4. Ajoutez les amandes effilées grillées au four sur le dessus avant de servir.

***

Gâteau de semoule aux raisins

<u>Ingrédients pour 4 personnes :</u>
100g de raisins secs , un petit verre de rhum ,1/2 litre de lait de vache ou lait végétal (soja ou amande non sucré ou avoine), 75 g de sucre , 75 g de semoule de blé fine , 2 oeufs.

<u>Préparation:</u>

Faire gonfler les raisins dans le rhum.
Faire bouillir le lait avec le sucre.

Verser la semoule en pluie.
Cuire une dizaine de minutes en remuant.
Hors du feu, ajouter les oeufs battus en omelette.
Ajouter les raisins.
Verser dans un moule à savarin caramélisé ou huilé et faire cuire 15 mn à four chaud.
Laisser refroidir puis démouler.

***

Barres Végé pour sport :

Ingrédients pour 8 barres :

90g de flocons d'avoine
50g de noix de coco râpée
30g de graines de sésame
180ml de miel (ou sirop d'agave pour une recette végan)
50g d'amandes effilées
60g de cacahouètes grillées non salées
70g de cramberries
1 gousse de vanille
50g de chocolat noir

Préparation :

Mélanger tous les ingrédients ensemble et les passer au mixer pendant 30 secondes.
Prendre un petit moule rectangulaire et bien tasser la pâte dedans avant de la démouler sur une assiette.
Mettre au frais pendant 1h.
Vous pourrez ensuite les emballer et les conserver quelques jours, au frais de préférence.

***

Conclusion

Décider de diminuer sa consommation de viande est une décision importante qui aura des conséquences profondes et importantes aussi bien sur votre vie, votre santé, vos émotions, votre bien-être global que sur l'évolution de la planète.

Pensez-vous que j'exagère ? Pas le moins de monde. Avez-vous déjà entendu parler de « l'effet papillon « ? Probablement, mais la notion datant déjà de quelques années, nous l'avons un peu oubliée…Cette métaphore résume parfaitement le lien de cause à effet qui nous relie tous et elle affirmait que le battement d'aile d'un papillon au Brésil pourrait provoquer une tornade au Texas.

Dans la même idée, votre choix alimentaire aura forcément des répercussions sur l'ensemble de la planète. En premier lieu, vous le remarquerez dans votre meilleur état de santé, bien sûr. Et en ce qui concerne la Terre, ce sont vos enfants et vos petits-enfants qui pourront vous remercier.

Outre cette évidence, j'espère que vous éprouverez aussi et très rapidement ce sentiment de satisfaction et d'apaisement d'être en accord avec soi-même et avec le monde animal que nous respectons et aimons.

De nombreuses célébrités, de tous temps, comme vous avez pu le lire dans les quelques citations présentes dans ce petit guide, ont franchis ce cap et ont été fiers de l'avoir fait : Alan, WATTS, Albert EINSTEIN, Alphonse DE LAMARTINE, Charles DARWIN, CONFUCIUS, Emile ZOLA, Léon TOLSTOI, Léonard de VINCI, Louis de FUNES, PYTHAGORE, Thomas EDISON, VOLTAIRE…tous ont écrit sur ce sujet.

Alors, même si ce n'est pas facile, il faut se répéter que cela en vaut la peine et que nous ne sommes pas seuls sur ce chemin.

On n'a pas deux cœurs, un pour les animaux et un pour les humains. On a un cœur ou on n'en a pas.

(Alphonse de LAMARTINE)

Bonne continuation dans votre démarche.

Sommaire

Avant propos	5
Les raisons qui vous poussent	7
Comment s'y mettre	17
Qui est qui	22
Equilibre et carences	24
Les protéines végétales	30
Les acides gras essentiels	45
Etape 1 : diminuer la fréquence	50
Faire ses courses et avoir des idées	55
Des légumes et des idées	57
Etape 2 : la chair animale devient occasionnelle	63
Les repas à l'extérieur	66
Quelle est votre situation personnelle et professionnelle ?	70

Etre sportif et Végétarien	75
Moins de viande pour les enfants	79
Le coin des recettes	83
Conclusion	97
Sommaire	99

© 2017, Lanzalavi, Marielle
Edition : Books on Demand,
12/14 Rond-Point des Champs-Elysées, 75008 Paris
Impression : BoD - Books on Demand Norderstedt, Allemagne
ISBN : 9782322080571
Dépôt légal : août 2017